¡Arriba!

Nuevos enfoques para ti

Grammatisches Beiheft 4

C.C.Buchner

¡Arriba!

Nuevos enfoques para ti

Unterrichtswerk für Spanisch in vier Bänden

Herausgegeben von Melanie Hohmann

Grammatisches Beiheft 4
Bearbeitet von Anastasia Geringer

Dieser Titel ist auch als digitale Ausgabe unter www.ccbuchner.de erhältlich.

1. Auflage, 1. Druck 2020
Alle Drucke dieser Auflage sind, weil untereinander unverändert, nebeneinander benutzbar.

Dieses Werk folgt der reformierten Rechtschreibung und Zeichensetzung. Ausnahmen bilden Texte, bei denen künstlerische, philologische oder lizenzrechtliche Gründe einer Änderung entgegenstehen.

Redaktion: Elisabeth Böhm und Veronika Vogel
Muttersprachliche Beratung: Alicia González Mangas
Layout und Satz: tiff.any GmbH, Berlin
Illustrationen: Katja Rau, Berglen
Druck und Bindung: mgo360 GmbH & Co. KG, Bamberg

www.ccbuchner.de

ISBN 978-3-661-80034-9

Gramática

1 Hablar de la gramática Redemittel

Die Angleichung der Substantive und der Adjektive

la concordancia (die Angleichung)
el número (die Anzahl)
el singular / el plural (die Einzahl/Mehrzahl)

el género (das Geschlecht)
masculino (männlich)
femenino (weiblich)

Die Bildung der Verben und der Zeiten

¿Cómo se forma …? (Wie bildet man …?)
formar (bilden)
la forma correcta (die richtige Form)
terminar en (enden auf)
la terminación (die Endung)
el radical (der Wortstamm)
la primera / segunda / tercera persona del singular /
    plural (1./2./3. Person Singular/Plural)
regular / irregular (regelmäßig/unregelmäßig)
el verbo auxiliar (das Hilfsverb)
el infinitivo (die Grundform: gehen)
el participio (das Partizip Perfekt: gegangen)
el gerundio (die Verlaufsform: gehend)

Die Unterscheidung

¿Cuándo se usa el verbo …/
    el tiempo …? (Wann nutzt
    man …?)
la diferencia (der Unterschied)
la palabra clave (das Signalwort)
indicar que (anzeigen, dass)

Etwas entdecken und Vermutungen äußern

¿Qué os llama la atención? (Was fällt
    euch auf?)
Creo que … (Ich glaube, dass …)
Se forma con … (Es wird gebildet mit …)
Se usa cuando … (Man benutzt es, wenn …)

Fehler benennen und korrigieren

cometer un error (einen Fehler machen)
corregir (berichtigen)
Creo que hay un error de …
… concordancia (Angleichung): X es femenino / masculino.
… sintaxis (Satzbau): X va delante / detrás de Y. (X kommt vor / hinter Y.)
… conjugación (Bildung): Aquí necesitas la primera / segunda / tercera persona del
    singular / plural. (Hier brauchst du die 1./2./3. Person Singular/Plural)
… vocabulario (Vokabular): Es mejor usar X en lugar de Y. (Es ist besser, X an Stelle
    von Y zu benutzen.)
… uso (Gebrauch): En este caso se usa … porque … (In diesem Fall benutzt man …,
    weil …)

2 Los tiempos de los verbos   Die Verben: Zeiten

Vorvergangenheit	Vergangenheit	Gegenwart	Zukunft
pretérito pluscuamperfecto: Había escrito una carta.	**pretérito perfecto:** Nos hemos reído mucho.		**futuro simple:** Lo pasaremos bien.
	pretérito indefinido: Vieron unas cerezas.	**presente:** Siempre llega tarde.	
	pretérito imperfecto: Antes entrenaba los jueves.	**presente continuo:** Está escribiendo una carta.	**futuro perifrástico:** Va a llover.
	pretérito imperfecto continuo: Ayer, cuando estaba cocinando, llegó mi hermano del instituto.		**futuro compuesto:** Cuando Sofía vuelva a Alemania, los amigos habrán preparado una fiesta sorpresa
past perfect: She had written a message.	**present perfect:** We have laughed a lot.		**future tenses:** **will-future** We'll have a great day tomorrow.
	simple past: They saw some cherries.	**present tense:** She always comes late.	**going-to-future** Now it is going to rain.
	past continuous: I was cooking two hours.	**gerund:** She is writing a letter.	**future perfect** When Sofia returns to Germany, the friends will have prepared a surprise party.

2 1 El futuro compuesto Futur II

2 1.1 Las formas Die Bildung des futuro compuesto

Das *futuro compuesto* ist – wie der Name es schon sagt – eine zusammengesetzte Verbform. Sie wird gebildet mit dem *futuro simple* von **haber** und dem *participio pasado*. Manchmal wird es auch als *futuro perfecto* bezeichnet.

futuro simple von **haber** + *participio pasado*

	haber	
yo	hab**ré**	
tú	hab**rás**	hablado
él / ella / usted	hab**rá**	comido
nosotros/as	hab**remos**	vivido
vosotros/as	hab**réis**	
ellos/as / ustedes	hab**rán**	

¡Ojo! Auch im Deutschen wird das Futur II mit dem Partizip Perfekt gebildet.

¡Ojo! Denke an die unregelmäßigen Formen des *participio pasado*!

ver → visto	romper → roto	poner → puesto etc.
leer → leído	abrir → abierto	escribir → escrito
hacer → hecho	morir → muerto	volver → vuelto

2 1.2 El uso Der Gebrauch des futuro compuesto

Das *futuro compuesto* wird verwendet:

- um Aussagen über eine Handlung in der Zukunft zu treffen, welche vor einer anderen zukünftigen Handlung bereits abgeschlossen sein wird:

  → Dentro de seis meses Sofia habrá terminado su año escolar en México.
  → Cuando Sofia vuelva a Alemania, los amigos de Sofia habrán preparado una fiesta sorpresa.

Bei diesem Beispiel wird eine Beziehung zwischen zwei Ereignissen in der Zukunft hergestellt. Für das Ereignis in der ferneren Zukunft wird hier das *presente de subjuntivo* verwendet (*cuando + subj.*). Für das Ereignis, das in der Zukunft früher passiert, benutzt man *futuro compuesto*. Auf das obige Beispiel bezogen bedeutet es: Die Freunde beginnen in der Zukunft mit der Vorbereitung für das Fest noch bevor Sofia nach Deutschland zurückkehrt.

Sprechzeitpunkt / Gegenwart	1. Ereignis in der Zukunft / Zukunft	2. Ereignis in der Zukunft / fernere Zukunft
Los amigos están pensando en organizar una fiesta. *(presente de indicativo)*	Los amigos ya habrán empezado … *(futuro compuesto)*	Cuando Sofia vuelva …, *(presente de subjuntivo)*

- um Annahmen über vergangene Geschehnisse auszudrücken, über die wir keine Gewissheit haben und nur vermuten können, ob etwas schon passiert ist oder nicht :

→ María no me responde desde hace tres días. ¿Qué habrá pasado? ¿Habrá roto con Daniel?

→ Ayer vi a María en una fiesta y estaba de muy buen humor. Aún no habrá hablado con Daniel.

¿Qué habrá pasado? (Was wird **wohl** passiert sein?)

Im Deutschen entspricht das *futuro compuesto* dem Futur II, der vollendeten Zukunft! Es wird ebenfalls verwendet, um eine Vermutung darüber zu äußern, dass eine Handlung zu ihrem bestimmten (in der Zukunft liegenden) Zeitpunkt bereits abgeschlossen sein wird: In sechs Monaten wird Sofia ihr Auslandsschuljahr in Mexiko beendet haben.

Auch in Deutschland nutzen wir das Futur II manchmal, um Annahmen über mögliche Geschehnisse auszudrücken, über die wir keine Gewissheit haben: Maria wird wohl mit Daniel Schluss gemacht haben. Im Deutschen verwenden wir in diesen Fällen oft die kleinen Hilfswörter „wohl" oder „vielleicht".

3 Los modos de los verbos   Die Verben: Modi

3 1 El subjuntivo   Der subjuntivo

3 1.1 El presente de subjuntivo   Der presente de subjuntivo

Du hast bereits den *presente de subjuntivo* kennengelernt (vgl. GB 3, 3.1). Hier eine kurze Wiederholung der Bildung der Formen und des Gebrauchs:

Las formas   Die Bildung des presente de subjuntivo

Die regelmäßigen Formen des *presente de subjuntivo*

	hablar	**beber**	**vivir**
1.	(yo) hable	(yo) beba	(yo) viva
2.	hables	bebas	vivas
3.	hable	beba	viva
1.	hablemos	bebamos	vivamos
2.	habléis	bebáis	viváis
3.	hablen	beban	vivan

Daneben gibt es noch mehrere Gruppen unregelmäßiger Formen:

1. Die Verben der 1. und 2. Konjugation mit Diphthongierung (die „Spaltungsverben"). Hier gibt es eigentlich nur die bereits vertraute Besonderheit: Die stammbetonten Formen zeigen die vertraute Diphthongierung („Spaltung") von **e** zu **ie** an denselben Stellen wie im Indikativ:

	pensar	perder
1.	(yo) piense	(yo) pierda
2.	pienses	pierdas
3.	(él/ella/usted) piense	(él/ella/usted) pierda
1.	pensemos	perdamos
2.	penséis	perdáis
3.	piensen	pierdan

Ebenso geht es bei der Diphthongierung (Spaltung) von **o** zu **ue**:
mueva, muevas, aber: **movamos; pueda, puedas**, aber: **podamos**.

2. Die Verben der 3. Konjugation mit Spaltung von **e** zu **ie** bzw. von **o** zu **ue** (Diphthongierung) übernehmen zwar diesen Wandel in den **stammbetonten** Formen:

	sentir	dormir
1.	(yo) sienta	(yo) duerma
2.	sientas	duermas
3.	(él/ella/usted) sienta	(él/ella/usted) duerma
1.	sintamos	durmamos
2.	sintáis	durmáis
3.	sientan	duerman

Hier zeigt sich aber die Besonderheit, dass die **endungsbetonten** Formen (1. und 2. Person Plural) den Vokal **e** zu **i** bzw. von **o** zu **u** wandeln. Dies gilt für praktisch **alle Verben der 3. Konjugation**, die den Wandel von **e** zu **ie** bzw. von **o** zu **ue** zeigen.

Von der letzten Gruppe gibt es allerdings nur zwei: **dormir** und **morir**.

3. Die Verben der 3. Konjugation mit Vokalwechsel (**e → i**) sowie die mit Besonderheiten in der 1. Person wie **decir, salir, venir** und die Verben auf -**ecer**, -**ocer** und -**cir**:

	pedir	decir	conocer
1.	(yo) pid**a**	(yo) dig**a**	(yo) conozc**a**
2.	pid**as**	dig**as**	conozc**as**
3.	(él/ella/usted) pid**a**	(él/ella/usted) dig**a**	(él/ella/usted) conozc**a**
1.	pid**amos**	dig**amos**	conozc**amos**
2.	pid**áis**	dig**áis**	conozc**áis**
3.	pid**an**	dig**an**	conozc**an**
Weitere Beispiele	medir, (son)reír, servir, elegir, repetir	caer, hacer, salir, tener, traer, venir	(a)parecer; conducir, traducir

Hier wird einfach die Besonderheit **der 1. Person** Singular für **alle** anderen Formen übernommen (**verbos del grupo A**).

4. Einige wenige ganz unregelmäßige Verben, die meist einen eigenen Stamm für den *presente de subjuntivo* haben (**verbos del grupo B**).

	ser	ver	saber	ir
1.	(yo) se**a**	(yo) ve**a**	(yo) sep**a**	(yo) vay**a**
2.	se**as**	ve**as**	sep**as**	vay**as**
3.	(él/ella/usted) se**a**	(él/ella/usted) ve**a**	(él/ella/usted) sep**a**	(él/ella/usted) vay**a**
1.	se**amos**	ve**amos**	sep**amos**	vay**amos**
2.	se**áis**	ve**áis**	sep**áis**	vay**áis**
3.	se**an**	ve**an**	sep**an**	vay**an**

Der *presente de subjuntivo* von **hay** lautet **haya.**

5. Es gibt noch eine Reihe von Verben, die manchmal als unregelmäßig bezeichnet werden, aber – eigentlich ganz logisch – ihre sonstigen Besonderheiten fortsetzen:

	estar	dar	coger	pagar
1.	(yo) est**é**	(yo) d**é**	(yo) coj**a**	(yo) pag**ue**
2.	est**és**	d**es**	coj**as**	pag**ues**
3.	(él/ella/usted) est**é**	(él/ella/usted) d**é**	(él/ella/usted) coj**a**	(él/ella/usted) pag**ue**
1.	est**emos**	d**emos**	coj**amos**	pag**uemos**
2.	est**éis**	d**eis**	coj**áis**	pag**uéis**
3.	est**én**	d**en**	coj**an**	pag**uen**
Weitere Beispiele			elegir (con)vencer	entregar, explicar, sacar

El uso   Der Gebrauch des subjuntivo

Mit dem *subjuntivo* wird im Spanischen die Einstellung/Haltung von Personen zu möglichen oder zukünftigen Handlungen ausgedrückt, obwohl deren Realisierung nicht sicher ist. Zur ausführlichen Wiederholung schaue dir GB 3, 3.1.2 an.

Im Deutschen gibt es den Modus *subjuntivo* nicht. Der *subjuntivo* unterscheidet sich auch ganz wesentlich vom Gebrauch des *Konjunktivs* im Deutschen und des *conditional* im Englischen.

Daher ist ein Überblick so genannter häufiger „Auslöser" des *subjuntivo*, also Verben, unpersönliche Ausdrücke oder bestimmte Konjunktionen, nach denen der *subjuntivo* folgt, hilfreich.

1. Verben als Auslöser des subjuntivo

Ratschläge oder Empfehlungen geben	
aconsejar que	Te aconsejo que la invites al cine.
recomendar que	Te recomiendo que le escribas un whatsapp.
dar el consejo de que	Te doy el consejo de que la acompañes a casa.
…	…
Wünsche ausdrücken	
desear que	Deseo que mi pareja sea inteligente y amable.
querer que	Quiero que viajemos mucho.
esperar que	Espero que mi pareja me haga feliz.
…	…
Gefühle ausdrücken	
odiar que	Odio que no tengas tiempo para mí.
molestar que	Me molesta que no salgamos juntos.
gustar que	Me gusta que vengas a mi casa.
…	…
Zweifel oder Unsicherheit ausdrücken	
dudar que	Dudo que él sea perfecto para ti.
negar que	Niego que el amor sea más importante que la amistad.
no creer que	No creo que un buen amigo lo haga.
…	…

> **¡Ojo!** Wenn du die Beispielsätze genau betrachtest, stellst du fest, dass sich die Verben in Haupt- und Nebensatz auf unterschiedliche Subjekte beziehen.

2. Unpersönliche Ausdrücke als Auslöser des subjuntivo

Es necesario que …	Es lógico que …	Es estupendo que …
Es importante que …	Es indispensable que …	Es horrible que …
Es imposible que …	Es genial que …	…

3. Konjunktionen als Auslöser des subjuntivo

Nach der Konjunktion *para que* folgt immer der *subjuntivo* (Ebenso nach *antes de que* und *sin que*). Bei einigen anderen Konjunktionen ist es von der jeweiligen Aussageabsicht des Sprechers / der Sprecherin abhängig, ob der *indicativo* oder *subjuntivo* (*cuando, mientras, en cuanto, aunque*) folgt.

3 1.2 El imperfecto de subjuntivo Der imperfecto de subjuntivo

Las formas Die Bildung des imperfecto de subjuntivo

Die Formen des *imperfecto de subjuntivo* sehen im ersten Augenblick schwierig aus. Dabei gibt es eine einfache Regel, wie der *imperfecto de subjuntivo* gebildet wird:

Die Ausgangsform des *imperfecto de subjuntivo* ist die *indefinido-*Form des Verbs in der **3. Person Plural** (z. B. *ellos hablaron*). Das *imperfecto de subjuntivo* wird gebildet, indem man die Endung *-ron* des Verbs im *indefinido* durch die **Endungen des** *imperfecto de subjuntivo* ersetzt:

> **¡Ojo!** Achte auf die Betonung / Akzentsetzung bei der Form von *nosotros*!

indefinido, 3. P. Plural	Endungen des imperfecto de subjuntivo
(ellos) **hablaron** (ellos) **abrieron**	+ ra + ras + ra + ramos + rais + ran

	hablar	abrir
yo	hablara	abriera
tú	hablaras	abrieras
él / ella / usted	hablara	abriera
nosotros/as	habláramos	abriéramos
vosotros/as	hablarais	abrierais
ellos/as /ustedes	hablaran	abrieran

> **¡Ojo!** Viele Verben haben im *pretérito indefinido* einen unregelmäßigen Verbstamm, mit dem dann auch der *imperfecto de subjuntivo* gebildet wird.

	ser / ir	hacer	estar	tener
yo	fuera	hiciera	estuviera	tuviera
tú	fueras	hicieras	estuvieras	tuvieras
él / ella / usted	fuera	hiciera	estuviera	tuviera
nosotros/as	fuéramos	hiciéramos	estuviéramos	tuviéramos
vosotros/as	fuerais	hicierais	estuvierais	tuvierais
ellos/as / ustedes	fueran	hicieran	estuvieran	tuvieran

> **¡Ojo!** Es gibt eine weitere Endung des *imperfecto de subjuntivo* mit identischer Bedeutung: **-se, - ses, -se, -semos, -seis, -sen**. Die Endungen *-ra, -ras, -ra, -ramos, -rais, -ran* werden eher in der gesprochenen Sprache benutzt, *-se, -ses,* etc. wird in der Literatur oder gehobener Sprache benutzt.

	hablar	abrir
yo	habla**se**	abrie**se**
tú	habla**ses**	abrie**ses**
él / ella / usted	habla**se**	abrie**se**
nosotros/as	habl**á**semos	abri**é**semos
vosotros/as	habla**seis**	abrie**seis**
ellos/as /ustedes	habla**sen**	abrie**sen**

El uso   Der Gebrauch des imperfecto de subjuntivo

Der *imperfecto de subjuntivo* wird verwendet:

- nach dem Ausdruck *como si* (als wenn / als wäre), womit ein irrealer Vergleich ausgedrückt wird:
  - → Me miras como si estuviera loca.

- bei besonders höflichen Anfragen mit den Verben *querer / poder / deber*:
  - → Quisiera hablar con el director.

- im Nebensatz nach *que,* wenn die Verben und Ausdrücke im vorangehenden Hauptsatz den *subjuntivo* erfordern und in einer Vergangenheitszeit (*pretérito imperfecto / indefinido / pluscuamperfecto*) stehen:
  - → Me pidió que le llamara.
  - → Sus padres querían que recibiera una educación mejor.
  - → Nos habían pedido que volviéramos antes del comienzo de la sesión.

> **¡Ojo!** Der Nebensatz und der Hauptsatz beziehen sich beide auf die Vergangenheit. In dieser Vergangenheit beschreibt der Nebensatz eine im Bezug zum Hauptsatz gleichzeitige oder zukünftige Handlung! Dieser Unterschied ist wichtig bei der Unterscheidung zwischen *imperfecto* und *pluscuamperfecto de subjuntivo.*

- im Nebensatz nach *que,* wenn im Hauptsatz der *condicional simple* steht, der eine Höflichkeit oder einen Wunsch ausdrückt:
  - → Me gustaría que usted tuviera tiempo para mí.
  - → Le encantaría que fuéramos juntas a su cumpleaños.

- wenn wir eine Hypothese über eine vergangene Situation ausdrücken:
  - → Es posible que ayer tuviera un accidente (pero, como no vino no lo sabemos).

Eine weitere wichtige Funktion ist die Verwendung des *imperfecto de subjuntivo* in den

Bedingungssätzen (vgl. Punkt 3.4).

3 1.3 El pluscuamperfecto de subjuntivo Der pluscuamperfecto de subjuntivo

Las formas **Die Bildung des pluscuamperfecto de subjuntivo**

Der *pluscuamperfecto de subjuntivo* ist eine zusammengesetzte Verbform. Sie wird gebildet mit dem *imperfecto de subjuntivo* von **haber** und dem *participio pasado*.

imperfecto de subjuntivo + participio pasado von **haber**

	haber	
yo	**hubiera (hubiese)**	
tú	**hubieras (hubieses)**	
él / ella / usted	**hubiera (hubiese)**	**hablado comido vivido**
nosotros/as	**hubiéramos (hubiesemos)**	
vosotros/as	**hubierais (hubieseis)**	
ellos/as / ustedes	**hubieran (hubiesen)**	

Denke an die unregelmäßigen Formen des *participio pasado*!

ver → visto	morir → muerto
leer → leído	poner → puesto
hacer → hecho	escribir → escrito
romper → roto	volver → vuelto
abrir → abierto	etc.

El uso **Der Gebrauch des pluscuamperfecto de subjuntivo**

Der *pluscuamperfecto de subjuntivo*:

- steht im Nebensatz nach *que* nach Verben und Ausdrücken in einer Vergangenheitszeit (*pretérito imperfecto / indefinido / pluscuamperfecto*), welche den *subjuntivo* erfordern und zwar wenn der Nebensatz sich dabei auf eine in der Vergangenheit abgeschlossene Handlung bezieht. (Die Handlung im Nebensatz ist **vor** der Handlung im Hauptsatz geschehen!):
  - → Su madre esperaba que hubiera hablado con su hermano, pero él no había tenido tiempo para hacerlo.
  - → Me extrañó que este chico no hubiera llamado a sus padres después de lo que había pasado.

- steht im Nebensatz nach *que*, wenn im Hauptsatz der *condicional compuesto* einen Wunsch ausdrückt, der in der Vergangenheit nicht eingetreten ist und deshalb nicht mehr erfüllt werden kann:
  - → Me habría encantado que hubieras venido a mi fiesta, pero sé que estabas enfermo.
  - → Le habría gustado que hubieras hablado con él, pero tú hablaste durante toda la noche con el otro chico.

- wird benutz um Hypothesen über eine Handlung auszudrücken, die vor einem bestimmten Zeitpunkt in der Vergangenheit stattfand oder unter einer anderen Bedingung in der Vergangenheit stattgefunden hätte:
  - → No creo que hubiera sido él.
  - → Es probable que hubiera contado todo a los padres en otras condiciones.

Eine weitere wichtige Funktion ist die Verwendung des *pluscuamperfecto de subjuntivo* in den Bedingungssätzen (vgl. Punkt 3.4).

3 2 El condicional   Der condicional
3 2.1 El condicional simple   Der condicional simple

Las formas   Die Bildung des condicional simple

Las formas regulares   Die regelmäßigen Formes des condicional simple

Die regelmäßigen Formen des *condicional simple* werden gebildet mit dem **Infinitiv eines Verbs** und den **Endungen des** *pretérito imperfecto* **der Verben auf -er/-ir:**

	hablar	comer	abrir
yo	hablaría	comería	abriría
tú	hablarías	comerías	abrirías
él / ella / usted	hablaría	comería	abriría
nosotros/as	hablaríamos	comeríamos	abriríamos
vosotros/as	hablaríais	comeríais	abriríais
ellos/as / ustedes	hablarían	comerían	abrirían

Auch einige sonst immer unregelmäßige Verben werden nach diesem Schema gebildet:
ser → sería, ir → iría, estar → estaría

Las formas irregulares   Die unregelmäßigen Formen des condicional simple

Verben, die im *futuro simple* unregelmäßig gebildet werden, werden auch im *condicional simple* unregelmäßig gebildet.

- decir → **dir**ía, **dir**ías …; hacer → **har**ía, **har**ías …
- haber → **habr**ía, **habr**ías …; poder → **podr**ía, **podr**ías ...; querer → **querr**ía, **querr**ías ...;
- saber → **sabr**ía, **sabr**ías ...;
- poner → **pondr**ía, **pondr**ías …; salir → **saldr**ía, **saldr**ías ...; tener → **tendr**ía, **tendr**ías ...;
- venir → **vendr**ía, **vendr**ías …

Auch von den unregelmäßigen Verben abgeleitete Verben werden wie diese gebildet:

- contradecir → contra**dir**ía, contra**dir**ías ...; deshacer → des**har**ía, des**har**ías, etc.
- proponer → pro**pondr**ía, pro**pondr**ías ...; detener → de**tendr**ía, de**tendr**ías, etc.

> **¡Ojo!** Die Form *querría* (von *querer*) wird meist durch die Form *quisiera* (*imperfecto de subjuntivo*) ersetzt: Quisiera pasar un año escolar en México.

El uso   Der Gebrauch des condicional simple

Mit dem *condicional simple* kann man

- einer anderen Person einen Ratschlag geben oder nach einem Ratschlag fragen:
  - → ¿Qué harías tú en mi lugar? – Pues yo también iría a Chile. Es una oportunidad excepcional.
  - → Yo no diría nada a los padres antes de recibir la respuesta definitiva del campamento de balonmano.

- hypothetische Aussagen über die Gegenwart oder die Zukunft machen:
  - → Pienso que serías también buena jugadora de baloncesto.

- Vermutungen oder Annahmen über die vergangene Wirklichkeit anstellen:
  - → ¿Qué dijeron los padres de Paloma? – No sé. Estarían de acuerdo con sus planes. (Ich nehme an, dass sie einverstanden sind, aber ich weiß es nicht.)

- höfliche Bitten oder Anfragen formulieren:
  - → ¿Podrías ayudarme con los deberes?
  - → ¿Me prestarías tu libro, por favor?
  - → ¿Tendría usted tiempo para llamarme mañana?

- einen Wunsch ausdrücken:
  - → Me encantaría conocer Chile.
  - → Me gustaría participar en el campamento de balonmano.

Eine weitere wichtige Funktion ist die Verwendung des *condicional simple* in den Bedingungssätzen (vgl. Punkt 3.4).

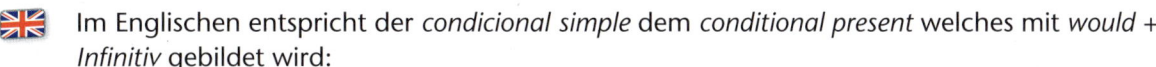 Im Englischen entspricht der *condicional simple* dem *conditional present* welches mit *would + Infinitiv* gebildet wird:

→ I would call my parents and tell them the truth.

 Im Deutschen entspricht der *condicional simple* dem Konditional I:

→ An deiner Stelle, würde ich das Angebot sofort annehmen.
→ Würden Sie mir bitte sagen, wie spät es ist?

Sowohl im Englischen als auch im Deutschen benutzt man *conditional present* / Konditional I, um Wünsche, Bitten und Hypothesen zu formulieren.

3 2.2 El condicional compuesto   Der condicional compuesto

Las formas   Die Bildung des condicional compuesto

Der *condicional compuesto* ist – wie der Name es schon sagt – eine zusammengesetzte Verbform. Sie wird gebildet mit dem *condicional simple* von **haber** und dem *participio pasado.*

condicional simple + participio pasado von **haber**

	haber	
yo	**habría**	hablado comido vivido
tú	**habrías**	
él / ella / usted	**habría**	
nosotros/as	**habríamos**	
vosotros/as	**habríais**	
ellos/as / ustedes	**habrían**	

Denke an die unregelmäßigen Formen des *participio pasado*!

ver → visto   morir → muerto
leer → leído   poner → puesto
hacer → hecho   escribir → escrito
romper → roto   volver → vuelto
abrir → abierto   etc.

El uso Der Gebrauch des condicional compuesto

Der Gebraucht des *condicional compuesto* ähnelt dem Gebrauch des *condicional simple*, allerdings benutzt man den *condicional compuesto*, wenn man sich auf vergangene und damit nicht erfüllbare Ereignisse bezieht.

Mit dem *condicional compuesto* kann man:

- Wünsche, Vorschläge oder Ratschläge, die nicht mehr erfüllt werden können, äußern:
  → Habrías podido hablar con tus padres antes de decidir ir a Chile.
    (Du hättest das tun können, hast es aber nicht.)

  → Yo, en tu lugar, habría ido a Chile. (Ich wäre dorthin gegangen, aber du bist es nicht.)

- Aussagen hypothetischer Art über die Vergangenheit treffen:
  → Seguro que te habría ayudado con los deberes, pero no tuvo tiempo.
    (Er hätte es gemacht, aber er konnte nicht.)

- Vermutungen über vergangene Ereignisse äußern:
  → ¿Por qué no vino? ¿Habría olvidado la cita?
    (Man kann nur vermuten, weshalb die Person nicht erschienen ist.)

Eine weitere wichtige Funktion ist die Verwendung des *condicional compuesto* in den Bedingungssätzen (vgl. Punkt 3.4).

Im Englischen entspricht der *condicional compuesto* dem *conditional perfect*, welcher mit *would + have + past participle* gebildet wird:

→ I would have called my parents and tell them the truth.

Im Deutschen entspricht der *condicional compuesto* dem Konditional II:

→ An deiner Stelle, hätte ich das Angebot sofort angenommen.
→ Ich hätte es dir erzählen müssen, aber ich konnte nicht.

Sowohl im Englischen als auch im Deutschen benutzt man *conditional perfect* / Konditional II um Möglichkeiten in der Vergangenheit auszudrücken (was hätte sein können), welche aber nicht mehr eintreten können, da die Handlungen bereits vollendet sind.

3 3 Las frases condicionales con si   Die Bedingungsätze mit si

Um auszudrücken, dass etwas unter einer bestimmten Bedingungen passiert oder passieren könnte, benutzt du im Spanischen die Bedingungssätze mit *si* (*las frases condicionales con si*). Die Bedingung kann erfüllbar sein oder nicht.

3 3.1 Las frases condicionales reales (tipo I)   Reale Bedingungssätze (Typ I)

Der reale Bedingungssatz (Typ I) beschreibt eine Bedingung, von der wir denken, dass sie erfüllbar ist. Zur Wiederholung vergleiche auch (GB 3, 3.3).

→ Si saco buenas notas, puedo viajar a Chile.
→ Si leo unas páginas de este libro, sabré algo más sobre la historia de Chile.
→ Si no te callas, no voy a contarte nada.
→ Si quieres saber más sobre los mapuche, lee un artículo en internet.

si-Satz (frase subordinada)	Hauptsatz (frase principal)
si + presente de indicativo	+ futuro + presente de indicativo + ir a + infinitivo + imperativo (afirmativo o negativo)

¡Ojo! Zum *si* stelle nie *condicional* oder *futuro*!

Bei realen Bedingungssätzen (Typ I) steht im si-Satz **immer** das *presente de indicativo*. Im Hauptsatz kann entweder das *futuro*, das *presente de indicativo*, das *futuro perifrástico* oder auch der *imperativo* stehen.

Der reale Bedingungssatz entspricht dem englischen *if-clause* (Typ I):

→ If I read this book, I´ll know a lot about Chile. (If + simple present, will-future)

Im Deutschen drückst du die reale Bedingung ebenfalls im Präsens aus:

→ Wenn ich das Buch lese, kann ich dir viel mehr über Chile erzählen.

Die Wahrscheinlichkeit, dass die Bedingung erfüllt wird und damit die Konsequenz eintritt, ist sehr hoch.

Si llueve, no vamos a la playa.

3 3.2 Las frases condicionales potenciales (tipo II) Potentielle Bedingungssätze (Typ II)

Der potentielle Bedingungssatz (Typ II) beschreibt eine Bedingung, die nicht real aber möglich ist.

→ Si yo supiera jugar al balonmano como tú, iría a Chile sin el permiso de mis padres.

si-Satz (frase subordinada)	Hauptsatz (frase principal)
si + imperfecto de subjuntivo	+ condicional simple

Bei diesen Bedingungssätzen (Typ II) steht im *si*-Satz **immer** der *imperfecto de subjuntivo* und im Hautpsatz der *condicional simple.*

  Der Bedingungssatz Typ II entspricht dem englischen *if-clause* Typ II:
→ If I was you, I would tell my parents about the idea to go to Chile. (If + simple past, present conditional)

  Im Deutschen würde man sagen:
→ Wenn ich wie du Handball spielen könnte, würde ich nach Chile gehen. (Ich kann leider nicht so gut wie du spielen, aber vielleicht kann ich das ja noch irgendwann mal lernen.)

Die Wahrscheinlichkeit, dass diese Bedingung eintritt, ist nicht ganz ausgeschlossen, aber eher unwahrscheinlich.

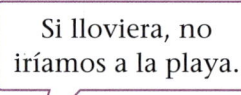
Si lloviera, no iríamos a la playa.

3 3.3 Las frases condicionales irreales (tipo III) Irreale Bedingungssätze (Typ III)

Der irreale Bedingungssatz (Typ III) beschreibt eine Bedingung, die ausgeschlossen ist, weil sie in der Vergangenheit nicht erfüllt worden ist. Die Konsequenz kann somit nicht eintreten.

→ Si tú no hubieras participado en el campamento de balonmano en Chile, nunca habrías obtenido tan buenos resultados.

→ Si yo hubiera aprendido a jugar al balonmano como tú, también habría podido ir a Chile.

si-Satz (frase subordinada)	Hauptsatz (frase principal)
si + pluscuamperfecto de subjuntivo	+ condicional compuesto

Bei diesen Bedingungssätzen (Typ III) steht im *si*-Satz **immer** das *pluscuamperfecto de subjuntivo* und im Hautpsatz der *condicional compuesto.*

  Der Bedingungssatz Typ III entspricht dem englischen *if-clause* Typ III:
→ If I had known that it was a secret, I wouldn´t have told anyone about it. (If + past perfect, perfect conditional)

 Im Deutschen würde man sagen:
→ Wenn ich wie du Handball spielen gelernt hätte, hätte ich auch nach Chile gehen können.

Die Wahrscheinlichkeit, dass diese Bedingung eintritt, ist komplett ausgeschlossen, weil das Gesehene in der Vergangenheit liegt und nicht mehr verändert werden kann.

> Si no hubiera llovido, habríamos podido ir a la playa.

4 La voz pasiva Das Passiv

4 1 La voz pasiva con ser   Der Passivsatz mit ser

In Zeitungsartikeln oder historischen Texten wird im Spanischen häufig der Passivsatz verwendet. Dabei wird das **Subjekt** des Aktivsatzes zum **Objekt** des Passivsatzes und das **Objekt** des Aktivsatzes zum **Subjekt** des Passivsatzes:

Aktivsatz: **Los aztecas construyeron el Templo Mayor** en 7 etapas.

Passivsatz: **El Templo Mayor fue construido** en 7 etapas por **los aztecas**.

Du kennst den Passivsatz sicherlich bereits aus dem Deutschen oder dem Englischen, wo der Passivsatz auf die gleiche Art und Weise formuliert wird:

Aktivsatz: **Die Azteken** bauten **die „Große Pyramide von Tenochtitlán"** in sieben Etappen.
Passivsatz: **Die „Große Pyramide von Tenochtitlán"** wurde von **den Azteken** in sieben Etappen erbaut.

Aktivsatz: **The Aztecs** built **the "Greater Temple"** in seven stages.
Passivsatz: **The "Greater Temple"** was built by **the Aztecs** in seven stages.

Um einen Aktivsatz in einen Passivsatz umzuformulieren, muss neben der Änderung des Objekts zum Subjekt auch die Verbform geändert werden:

Die **aktive Verbform** wird durch die Form von **ser** + **participio pasado** zur passiven Verbform:

Aktivsatz: **Los automóviles provocan la gran nube de contaminación sobre CDMX**.
Passivsatz: **La gran nube de contaminación sobre CDMX es provocada** por **los automóviles**.

Aktivsatz: **Los padres abandonaron a sus niños** por razones poco conocidas.
Passivsatz: **Los niños fueron abandonados** por **sus padres** por razones poco conocidas.

Das Passiv wird also nach dem folgenden Schema gebildet:

Subjekt + Form von **ser** + **participio pasado** (+ **por** + **Handlungsträger**)

invitado/a/os/as
querido/a/os/as
etc.

> **¡Ojo!** Denke auch hier an die unregelmäßigen Formen des *participio (pasado)*!

- Das Passiv kann in allen Zeiten und Modi verwendet werden. Dazu muss das Verb ser in die entsprechende Zeit / den entsprechenden Modus gesetzt werden, z.B. es / era / ha sido / sea / haya sido / había sido, etc.

- Die Form von *ser* entspricht dem deutschen Hilfsverb *werden*.
  (El Templo Mayor fue construido ... → Die große Pyramide wurde erbaut …)
- Das Partizip wird an Genus und Numerus des **Subjekts** des Passivsatzes angepasst.
- Durch wen die Handlung ausgeführt wird, wird durch **por** eingeleitet. Da durch die Verwendung des Passivs die Handlung in den Fokus rückt, muss die ausführende Person nicht zwangsläufig genannt werden: z. B. La gran ciudad de Tenochtitlán fue conquistada a principios del siglo XVI.

4 2 Otras construcciones pasivas Andere Passivkonstruktionen

Wenn der Handlungsträger uninteressant ist und nicht genannt wird, können im Spanischen noch zwei andere Konstruktionen verwendet werden.

Pasiva refleja (se + verbo en voz activa) Die unpersönliche Konstruktion mit se + Verb in der aktiven Form (Wiederholung und Vertiefung)

Zur Wiederholung schaue dir gerne GB 2, 8. an. Durch die Konstruktion **se** + **Verb in der aktiven Form** wird ausgedrückt, dass eine Handlung stattfindet, der Handlungsträger wird aber nicht erwähnt. → En CDMX pronto **se abrirá** otro museo local.

→ Las piedras del Templo Mayor **se usaron** para la construcción de nuevos edificios.

Wie du an den Beispielen erkennst, kann das Verb in der aktiven Form in allen Zeitformen verwendet werden!

Im Deutschen gibt es für diese Konstruktion keine Entsprechung. Wir übersetzen sie genauso wie den Passivsatz mit *ser*, also mit **werden** in der entsprechenden Zeitform und einen *Partizip Perfekt*:

→ In Mexiko-Stadt **wird** bald ein weiteres Standortmuseum *eröffnet*.
→ Die Steine des „Großen Tempels" **wurden** für die Errichtung neuer Gebäude *verwendet*.

¡Ojo! Reflexivverben können kein Passiv mit *se* bilden, deshalb wird **uno/a** verwendet:

→ Uno se acostumbra rápido a la vida en CDMX.
→ El Templo Mayor es mucho más grande de lo que uno se imagina.

Diese Konstruktion kann im Deutschen mit *man* übersetzt werden:

→ Man gewöhnt sich schnell an das Leben in Mexiko Stadt.
→ Der „Große Tempel" ist viel größer als man es sich vorstellt.

Die Konstruktion mit **se** wird außerdem in verallgemeinernden, unpersönlichen Aussagen benutzt, um zum Beispiel eine Regel zu beschreiben oder ein Verbot auszusprechen:

→ En México se cena muy tarde.
→ En el territorio del Templo Mayor no se puede fumar.

Auch diese Konstruktion wird im Deutschen mit *man* übersetzt:

→ In Mexiko isst man sehr spät zu Abend.
→ Auf dem Territorium des „Großen Tempels" darf man nicht rauchen.

PROHIBIDO FUMAR

¡Ojo! Das Verb richtet sich im Numerus (Singular / Plural) nach dem Subjekt auf das es sich bezieht. Wenn es im Satz keines gibt, dann steht das Verb in der 3. Person Singular.

Verbo en 3ª persona plural   Das Verb in der dritten Person Plural

Wenn der Handlungsträger nicht bekannt ist oder nicht erwähnt werden soll, wird im Spanischen auch häufig der Aktivsatz in der 3. Person Plural benutzt:

→ **Han llamado** del museo y han dicho que nos mandan las entradas por correo electrónico.
→ En 2018 **van a prohibir** la circulación de autobuses antiguos en el centro de CDMX.

Hier wird der Handlungsträger und damit das Subjekt des Satzes einfach weggelassen, das Verb aber ganz normal in der Aktivform in der 3. Person Plural verwendet.

5 El participio perfecto   Das Partizip Perfekt

Die Bildungsregeln des Partizips Perfekt sind dir bereits bekannt. Du kannst die Regel in GB 2, 2.5 wiederholen. Das Partizip Perfekt hat im Spanischen unterschiedliche Funktionen. Es wird nicht nur in zusammengesetzten Verbformen verwendet, du findest es auch in Funktion eines Substantivs oder Adjektivs. Außerdem dient es in der Schriftsprache zur Verkürzung von Nebensätzen und kann somit zum variantenreichen Ausdruck beitragen, wenn du einen Text schreibst.

Das Partizip Perfekt als Teil einer zusammengesetzten Verbform:

Die zusammengesetzten Verben und Modi werden mit dem Partizip Perfekt gebildet. Hier findest du eine kurze Übersicht:

Pretérito perfecto: La mayoría de la población ha **denunciado** los atentados.

Pretérito pluscuamperfecto: El equipo de Paloma había **entrenado** mucho y ganó el partido.

Perfecto de subjuntivo: ¡Me molesta que no me hayas **dicho** enseguida que tú quieres hacer un viaje tan peligroso!

Pluscuamperfecto de subjuntivo y condicional compuesto: Si Paloma no hubiera **visto** el anuncio por casualidad, nunca habría **ido** a Chile.

Futuro compuesto: ¿Ya les habrá **contado** Paloma a sus padres la idea de ir a Chile?

¡Ojo! Bei zusammengesetzten Verbformen bleibt das Partizip Perfekt in Geschlecht und Zahl unverändert! Im Deutschen ist das übrigens genauso!

Das Partizip Perfekt als Substantiv:

Im Spanischen gibt es eine Reihe von Partizipien, die als Substantive verwendet werden. Dabei erhält das Partizip einen Artikel und alle weiteren Eigenschaften eines Substantivs (z. B. die Regeln der Pluralbildung etc.). Hier findest du einige Beispiele:

Infinitiv	Substantiv (Partizip)	Übersetzung ins Deutsche
hacer	el hecho	die Tatsache
ver	la vista	die Aussicht
morir	el/la muerto/a	der/die Tote
herir	el/la herido/a	der/die Verletzte
poner	el puesto	die Stelle
encapuchar	los encapuchados	die vermummten Personen
atentar	el atentado	das Attentat
resultar	el resultado	das Ergebnis
condenar	el/la condenado/a	der/die Verurteilte

Wenn du in einem Text ein substantiviertes Partizip findest und dazu das Verb, von dem es abgeleitet wird, zuordnen kannst, erleichtert dir das Textverständnis. Wenn du dir nicht sicher bist, ob ein Partizip auch als Substantiv verwendet werden kann, überprüfe es am besten mit Hilfe eines Wörterbuches.

Das Partizip Perfekt als Adjektiv:

Das Partizip Perfekt wird im Spanischen oft als ein Adjektiv verwendet:

→ la máquina rota (romper)
→ el lunes pasado (pasar)
→ unas películas aburridas (aburrirse)
→ los problemas resueltos (resolver)

> **¡Ojo!** Wenn das Partizip als Adjektiv verwendet wird, muss es in Geschlecht und Zahl an das Substantiv, auf das es sich bezieht, angeglichen werden!

Das Partizip Perfekt als Nebensatzverkürzung:

Das Partizip Perfekt wird insbesondere in der Schriftsprache dazu verwendet Nebensätze zu verkürzen.

In den folgenden Beispielen werden Relativsätze, die ein Passiv enthalten, verkürzt. Dabei entfällt das Relativpronomen *que* und das Verb der Passivkonstruktion (*ser*).

→ Algunas comunidades mapuche reclaman **tierras** consideradas ancestrales.
  (Algunas comunidades mapuche reclaman tierras que son consideradas ancestrales.)
→ Me gustaría estar en **un equipo** de balonmano entrenado por uno de los hermanos Feuchtmann.
  (Me gustaría estar en un equipo de balonmano que es entrenado por uno de los hermanos Feuchtmann.)

→ **La costa** chilena, conocid**a** por su biodiversidad, tiene una longitud de 4.700 kilómetros.
(La costa chilena que es conocida por su biodiversidad tiene una longitud de 4.700 kilómetros.)

Mit Hilfe des Partizips Perfekt kann aber auch ein Temporalsatz im *pretétrito pluscuamperfecto* verkürzt werden:

→ Terminad**o el viaje**, Paloma regresó con muchas impresiones.
(Cuando había terminado el viaje, Paloma regresó con muchas impresiones.)
→ Pasad**os los días** festivos, nos fuimos a casa.
(Cuando habían pasado los días festivos, nos fuimos a casa.)

In diesen Beispielen verweist der verkürzte Nebensatz auf eine vorhergehende abgeschlossene Handlung in der Vergangenheit. Bei der Verkürzung entfällt das Temporaladverb *cuando* und die konjugierte Form des Hilfsverbs *haber*. Das Partizip wird an das Substantiv, auf das es sich bezieht, in Geschlecht und Anzahl angepasst.

> **¡Ojo!** Bei Nebensatzverkürzungen mit dem Partizip Perfekt erhält das Partizip die Eigenschaften eines Adjektivs und muss deshalb in Geschlecht und Zahl an das Substantiv, auf das es sich bezieht, angeglichen werden!

6 **Los adjetivos**   Die Adjektive

6 1 **El diminutivo**   Das Diminutiv

Das Diminutiv wird in spanischsprachigen Ländern sehr häufig verwendet, insbesondere in der Umgangssprache. Es drückt eine Verkleinerung, eine Verniedlichung oder Verharmlosung aus und damit etwas Positives oder Liebevolles. Sowohl die Formen des Diminutivs als auch die Häufigkeit seiner Verwendung variieren je nach Region. Insbesondere in Lateinamerika nimmt das Diminutiv einen wichtigen Platz in der Umgangssprache ein.

Das Diminutiv wird durch das Anhängen eines Diminutivsuffixes an das Wortende (z. B. *-ito/-ita* oder *-illo/-illa*) gebildet. Grundsätzlich können sowohl Substantive als auch andere Wortarten wie Adjektive und Adverbien auf diese Art und Weise verniedlicht werden.

Die folgende Übersicht zeigt, wie das Diminutiv je nach Wortendung und Region gebildet wird :

Wörter, die auf -o/-a enden → meist: **-ito/-ita**	el lib**ro** → el libr**ito**, la cas**a** → la cas**ita** despaci**o** → despac**ito**, roj**o** → roj**ito**
→ vor allem in Südspanien: **-illo/-illa**	el lib**ro** → el libr**illo**, la cas**a** → la cas**illa**
→ vorwiegend im Osten von Spanien und in spanischsprachigen Ländern der Karibik (z. B. auch Cuba): **-ico/-ica**	moment**o** → moment**ico** plat**o** → plat**ico** la perr**a** → perr**ica**

mehrsilbige Wörter, die auf -r, -n oder -e enden → meist: **-cito/-cita**	el amor → amor**cito**, la mujer → la mujer**cita**, pobre → pobre**cito**, joven → joven**cito**, marrón → marron**cito**
→ vor allem in Südspanien: **-cillo/-cilla**	el amor → amor**cillo**, el hombre → hombre**cillo**, pobre → pobre**cillo**
→ vorwiegend im Osten von Spanien und in spanischsprachigen Ländern der Karibik: **-cico/-cica**	calor → calor**cico**
einsilbige Wörter, die auf Konsonant enden → **-ecito/-ecita** oder auch → **-ecillo/-ecilla**	pan → pan**ecito**, flor → flor**ecita** el pez → pec**ecillo**

Es können übrigens nicht nur Substantive sondern auch Eigennamen verniedlicht werden: z. B. Carmen → Carmen**cita** oder Carmen**cilla**, Jaime → Jaime**cito**

In den spanischsprachigen Ländern Lateinamerikas werden Adjektive, Adverbien und Zahlenwörter häufiger verniedlicht:
rato → rat**ito**, pronto → pront**ito**, ahora → ahor**ita**, cuatro → cuatr**ito**

> **¡Ojo!** Wenn der Stamm eines Wortes auf **-g** oder **-c** endet, ändert sich die Schreibweise. Damit die Aussprache erhalten wird, wird **c** zu **qu** und **g** zu **gu**:
> po**c**o → po**qu**ito, fres**c**o → fres**qu**ito, chi**c**a → chi**qu**ita/chi**qu**illa, ami**g**o → ami**gu**ito

Außerdem entfällt in der Diminutivform der Akzent, da sich die Silbenanzahl ändert:
p**á**jaro → p**a**jarito / p**a**jarillo, r**á**pido → r**a**pidito

Mi perrito genialito, eres mi mejor amiguito.

6 2 El superlativo absoluto (el elativo)   Der absolute Superlativ (Der Elativ)

Der Superlativ / Elativ dient zur starken Hervorhebung einer Eigenschaft. Eine genaue Entsprechung des absoluten Superlativs / des Elativs gibt es im Deutschen nicht. Man fügt im Deutschen z. B. sehr, extrem, äußerst oder total an das Adjektiv hinzu.

→ Este café está calentísimo. (Dieser Kaffee ist extrem heiß.)

Der absolute Superlativ / der Elativ wird im Spanischen gebildet, indem das Suffix -ísimo (-ísimos, -ísima, -ísimas) an den Stamm des Adjektivs angehängt wird. Endet das Adjektiv auf einen Vokal, entfällt dieser bei der Bildung des Elativs:

→ lento – lentísimo

Unregelmäßige Formen:

Adjektive mit Diphthong:
caliente – calentísimo
bueno – buenísimo / bonísimo
nuevo – nuevísimo / novísimo
fuerte – fortísimo

Formen mit Stammveränderung aufgrund der Aussprache / Schreibung:
largo – larguísimo, amargo – amarguísimo (-g- wird zu -gue-)
rico – riquísimo, antiguo – antiquísimo (-c-/-gu- wird zu -qu-)
feliz – felicísimo (-z- wird zu -c-)
difícil – dificilísimo, fácil – facilísimo (andere Akzentsetzung aufgrund der Silbenanzahländerung)

Weitere unregelmäßige Formen:

amable – amabilísimo, noble – nobilísimo
amplio – amplísimo
célebre – celebérrimo, libre – libérrimo
cruel – crudelísimo / cruelísimo
cursi – cursilísimo

fiel – fidelísimo
frío – friísimo / frigidísimo
joven – jovencísimo
pobre – paupérrimo / pobrísimo
sabio – sapientísimo

Adjektive mit mehreren Elativ-Formen:

Wie du bereits oben gesehen hast, gibt es bei einigen Adjektiven mit Diphthong zwei Möglichkeiten der Steigerung.

Die Adjektive *bueno, malo, grande* und *pequeño* können auch folgendermaßen gesteigert werden:
bueno – buenísimo / bonísimo / óptimo
malo – malísimo / pésimo

grande – grandísimo / máximo
pequeño – pequeñísimo / mínimo

> **¡Ojo!** Wenn sich der Elativ auf ein Substantiv bezieht, so wird er in Geschlecht und Anzahl an das Substantiv angepasst!

→ Mi **estancia** en Chile fue óptim**a**. Harald Feuchtmann es **una persona** amabilísim**a** y un entrenador celebérrimo. Todos los chicos que conocí fueron simpatiquísimos.

7 Los pronombres de objeto directo e indirecto   Die Objektpronomen
(Wiederholung und Vertiefung)

Sicherlich benutzt du bereits regelmäßig Objektpronomen, um die Wiederholung eines Objekts in einem Satz zu vermeiden. Hier eine Übersicht über die indirekten und direkten Objektpronomen:

Die indirekten und direkten Objektpronomen unterscheiden sich nur in der 3. Person!

Die indirekten Objektpronomen **le** und **les** stehen für männliche und weibliche Objekte und für die Höflichkeitsform **usted** und **ustedes**.

	direkte Objektpronomen	indirekte Objektpronomen
1.	me	
2.	te	
3.	lo/la	le
1.	nos	
2.	os	
3	los/las	les

Verben können verschiedene Objekte als Ergänzung haben: das direkte und das indirekte Objekt. Insbesondere bei der 3. Person spielt diese Unterscheidung eine wichtige Rolle, da man sich dann zwischen den verschiedenen Objektpronomen entscheiden muss, wenn man das Objekt ersetzen will.

Wenn ein Verb im Spanischen ein direktes Objekt hat, dann hat es im Deutschen in der Regel häufig ebenfalls ein direktes Objekt. Bei dem indirekten Objekt ist es genauso.

🇪🇸	🇩🇪
Direktes Objekt	**Direktes Objekt**
1. María canta **una canción**. **La** canta muy bien.	1. Maria singt **ein Lied**. Sie singt **es** sehr gut. (Was singt Maria?)
2. ¿Ves **a Daniel**? – Sí, **lo** veo.	2. Siehst du **Daniel**? – Ja, ich sehe **ihn**. (Wen siehst du?)
3. Sofia busca **sus deberes**, pero no **los** encuentra.	3. Sofia sucht ihre **Hausaufgaben**, aber findet **sie** nicht. (Was sucht Sofia?)
4. Álvaro, ¿conoces **a estas chicas?** – Sí, **las** conozco.	4. Álvaro, kennst du **diese** Mädchen? – Ja, ich kenne **sie**. (Wen kennt Álvaro?)
Indirektes Objekt	**Indirektes Objekt**
1. Daniel, ¿**le** explicas los deberes **a María**, por favor? – Sí, claro que **le** explico los deberes.	1. Daniel, erklärst du **Maria** bitte die Hausaufgaben? – Ja, natürlich erkläre ich **ihr** die Hausaufgaben. (Wem erklärt Daniel die Hausaufgaben?)
2. Daniel y Sofia, ¿ya **les** habéis enviado la postal **a vuestros abuelos**? – No, todavía no **les** hemos enviado la postal.	2. Daniel und Sofia, habt ihr **euren Großeltern** eine Karte geschickt? – Nein, wir haben **ihnen** die Karte noch nicht geschickt. (Wem haben Daniel und Sofia die Karte geschickt?)

Allerdings gibt es auch einige Ausnahmen. Manchmal ist das indirekte Objekt im Deutschen im Spanischen ein direktes Objekt und umgekehrt. Hier die Zusammenstellung der wichtigsten Verben, bei denen du besonders aufpassen musst:

Verben mit direktem Objekt im Spanischen und mit indirektem Objekt im Deutschen:

🇪🇸 Direktes Objekt	🇩🇪 Indirektes Objekt
ayudar a alguien (en algo)	jdm. bei etwas helfen
disculpar a alguien	jdm. verzeihen
felicitar a alguien	jdm. gratulieren
perdonar a alguien algo	jdm. etwas verzeihen
dañar a alguien	jdm. schaden
escuchar a alguien	jdm. zuhören
seguir a alguien	jdm. folgen

Verben mit indirektem Objekt im Deutschen und mit direktem Objekt im Spanischen:

🇪🇸 Indirektes Objekt	🇩🇪 Direktes Objekt
hablar a alguien	jdn. ansprechen
interesar a alguien	jdn. interessieren
mentir a alguien	jdn. anlügen
preguntar algo a alguien	jdn. etwas fragen
sobrevivir a algo / alguien	jdn. / etwas überleben
pedir algo a alguien	jdn. um etwas bitten
recordar algo a alguien	jdn. an etwas erinnern

An den spanischen Beispielsätzen kannst du erkennen, dass das Objektpronomen in der Regel vor dem konjugierten Verb steht (vgl. GBH 2, 5.):

Ausnahmen bilden der bejahte Imperativ, die Infinitivkonstruktionen und das *gerundio*!

Beim bejahten Imperativ **müssen** die Objektpronomen an das Verb angehängt werden:

→ ¡Explícale los deberes, Daniel! (a María)
→ ¡Búscalos conmigo, Daniel! (los libros)

Bei Infinitivkonstruktionen und beim *gerundio* **kannst du dir aussuchen**, ob die Objektpronomen vor dem konjugierten Verb stehen oder an den Infinitiv bzw. *gerundio* angehängt werden:

→ ¿Puedes explicarme los deberes, Daniel? *oder* ¿Me puedes explicar los deberes?
→ Daniel le está explicando los deberes. (a María) *oder*
  Daniel está explicándole los deberes.

Achte beim Anhängen der Objektpronomen auf die Akzentsetzung! Durch das anhängen einer Silbe muss in einigen Fällen ein Akzent auf die betonte Silbe gesetzt werden, damit die Betonungsregel wieder stimmt!

Dos pronombres de complementos seguidos   Die Pronomen im Falle von zwei Objekten

Häufig wird das Verb durch ein direktes und ein indirektes Objekt ergänzt:

Daniel **le** cuenta **una historia a Paloma**.
Paloma **le** escribe **un mensaje a Daniel**.

Um die Objekte nicht zu wiederholen, kannst du sie beide durch ein Pronomen ersetzen! Grundsätzlich müssen dabei aber **zwei wichtige Regeln** beachtet werden:

1. Das **indirekte Objektpronomen** steht **vor** dem **direkten Objektpronomen**: **IO vor DO**

Im Deutschen ist das umgekehrt!

2. Die indirekten Objektpronomen der 3. Person **le** und **les** werden zu **se**, wenn sie vor den direkten Objektpronomen **lo/la/los/las** stehen:

→ Daniel **le** cuenta **una historia a Paloma**. → Daniel **se la** cuenta.
→ Paloma **le** escribe **un mensaje a Daniel**. → Paloma **se lo** escribe.

Me		
Te	lo	
Se	la	dan.
Nos	los	
Os	las	
Se		

Was die Stellung der Objektpronomen im Satz angeht, so kannst du auf dieselbe Regel zurückgreifen, wie bei nur einem Objekt:

Beide Objektpronomen stehen in der Regel vor dem konjugierten Verb stehen (siehe die Beispiele oben).

Beim bejahten Imperativ **müssen beide** Objektpronomen an das Verb angehängt werden:

→ ¡Explíca**selos**, Daniel! (los deberes a María) (Erkläre sie ihr!)
→ ¡Dá**melos**, Daniel! (los libros) (Gib sie mir!)

Bei Infinitivkonstruktionen und beim *gerundio* **kannst du dir aussuchen**, ob die Objektpronomen vor dem konjugierten Verb stehen oder an den Infinitiv bzw. *gerundio* direkt angehängt werden:

→ ¿Puedes explicár**melos**, Daniel? *oder*
   ¿**Me los** puedes explicar?
→ Daniel **se los** está explicando. (a María) *oder*
   Daniel está explicándo**selos**.

Denke auch an die Akzentsetzung! Die ursprünglich betonte Silbe erhält einen Akzent!

8 El estilo indirecto   Die indirekte Rede

8 1   El estilo indirecto sin cambiar el tiempo verbal   Die indirekte Rede ohne Zeitverschiebung

Du hast bereits die indirekte Rede ohne Zeitverschiebung kennengelernt (vgl. GB 2, 7.). Hier eine kurze Wiederholung der wichtigsten Regeln.

> **¡Ojo!** Im Gegensatz zum Deutschen wird das *que* nicht durch ein Komma abgegrenzt.

Wie du bereits weißt, wird die indirekte Rede benutzt, um die Aussagen oder auch Fragen von Personen wiederzugeben.

Die indirekte Rede (ohne Zeitverschiebung!) wird mit den Verben des Sagens und Meinens im *presente* wie z. B. *decir, pensar, contar, explicar, escribir,* etc. und der Konjunktion *que* eingeleitet.

Direkte Rede	Indirekte Rede
1. Hilda: "**Me caso** con Pastor el 28 de junio."	Hilda dice que **se casa** con Pastor el 28 de julio.
2. Hilda: "**Celebramos nuestra** boda en el restaurante Zunzún."	Hilda explica que **celebran su** boda en el restaurante Zunzún.

Die **Tempora / die Zeiten der Verbformen** bleiben in der indirekten Rede auch **unverändert**, wenn das Verb im Hauptsatz im Futur und *pretérito perfecto* steht!

Direkte Rede	Indirekte Rede
3. Carlos: "Mamá, ¿qué dirá Hilda si no **vamos** a su boda?"	La madre de Carlos: "Pues seguro que *dirá* que si no **vamos** a su boda, se pondrá muy triste."
4. Hilda: "La boda **empieza** a las 11 de la mañana."	La madre de Carlos: "Hilda *me ha dicho* esta mañana por teléfono que la boda **empieza** a las 11 de la mañana."
5. Hilda: "**Aquí** en Cuba **hace** mucho calor."	La madre de Carlos: "**Allí** en Cuba **hace** mucho calor."

Wenn eine Frage wiedergegeben werden soll, so wird diese in der indirekten Rede z. B. mit *preguntar / querer saber* im *presente* und *si* (bei Entscheidungsfragen / Ja-Nein-Fragen) oder einem Fragepronomen (z. B. *cuándo, qué, cómo,* etc.) eingeleitet.

Direkte Rede	Indirekte Rede
6. La madre de Carlos: "¿Cuándo **empieza** la celebración?"	La madre de Carlos quiere saber cuándo **empieza** la celebración.
7. Carlos: "¿**Tengo que** llevar un traje el día de la boda?"	Carlos pregunta si **tiene que** llevar un traje el día de la boda.

Im Vergleich zum Deutschen verändert sich die Satzstellung im Spanischen in der indirekten Rede sowohl bei umformulierten Frage- als auch Aussagesätzen nicht.

Vergiss aber nicht, dass sich je nach Sinn die **Verbform** (das Verb muss je nach Perspektive an die Person/en angepasst werden, siehe Sätze 1, 2 und 7), die Pronomen (wie z. B. Personal-, Objekt- Reflexiv- oder Possessivpronomen) und die **Adverbien für Ortsangaben** verändern können (Beispiel 5)!

Direkte Rede	Indirekte Rede
8. La madre de Carlos: "¡**Pon** atención al tráfico!"	La madre de Carlos le pide que **ponga** atención al tráfico.
9. Hilda: "¡**Tráeme** unas flores del mercado!"	Hilde le pide que **traiga** unas flores del mercado.

Ausrufesätze werden in der indirekten Rede z. B. mit *pedir* im *presente* und *que + subjuntivo* wiedergeben.

8 2 El estilo indirecto con cambio del tiempo verbal Die indirekte Rede mit Zeitverschiebung

Wenn du wiedergibst, was eine Person in der Vergangenheit gesagt hat, und das Verb des Sagens und Meinens im Hauptsatz im *pretérito indefinido, pretérito imperfecto,* oder *pretérito pluscuamperfecto* steht, so muss die **Verbform der indirekten Rede angepasst** werden. Wie das Verb angepasst werden muss, hängt von dem Tempus des Verbs in der direkten Rede ab!

Schaue dir folgende Beispiele und die Veränderung der Verbformen an:

So erzählt es der Großvater von Carlos, als Carlos mit ihm spricht: Direkte Rede	So gibt Carlos zu einem späteren Zeitpunkt wieder, was sein Großvater ihm vor einiger Zeit erzählt hat: Indirekte Rede
1. El abuelo de Carlos cuenta: "Todavía tenemos dificultades para comprar alimentos." **presente** (tenemos) →	Mi abuelo contó que todavía tenían dificultades para comprar alimentos. **pretérito imperfecto** (tenían)
2. El abuelo pide: "¡Por favor, estudia más!" **imperativo** (estudia) →	Mi abuelo me pidió que yo estudiara más. **imperfecto de subjuntivo** (estudiara)
3. El abuelo dice: "Es importante que sepas más sobre el bloqueo." **presente de subjuntivo** (sepa) →	Mi abuelo dijo que era importante que yo supiera más sobre el bloqueo. **imperfecto de subjuntivo** (supiera)
4. El abuelo de Carlos dice: "Las consecuencias del bloqueo han afectado a todos los sectores." **pretérito perfecto** (han afectado) →	Mi abuelo nos había contado que las consecuencias del bloqueo habían afectado a todos los sectores. **pretérito pluscuamperfecto** (habían afectado)
5. El abuelo de Carlos dice: "Temo que las consecuencias del bloqueo hayan afectado al sistema sanitario." **perfecto de subjuntivo** (hayan afectado) →	Mi abuelo temió que las consecuencias del bloqueo hubieran afectado al sistema sanitario. **pluscuamperfecto de subjuntivo** (hubieran afectado)

6.	El abuelo de Carlos **dice**: "**Había** mucha pobreza **aquí** en mi país." **pretérito imperfecto** (había) →	Mi abuelo **dijo** que **había** mucha pobreza **allí** en su país. **pretérito imperfecto** (había)
7.	El abuelo de Carlos **cuenta**: "Mis padres querían que yo **recibiera** una educación mejor". **imperfecto de subjuntivo** (recibiera) →	Mi abuelo **contó** que sus padres querían que él **recibiera** una educación mejor. **imperfecto de subjuntivo** (recibiera)
8.	El abuelo de Carlos **cuenta**: "En 1959 **triunfó** la Revolución." **pretérito indefinido** (triunfó) →	Mi abuelo me **contó** que en 1959 **había triunfado** la Revolución. **pretérito pluscuamperfecto** (había triunfado)
9.	El abuelo de Carlos **comenta**: "Antes de la Revolución muchas empresas estadounidenses **se habían instalado** en Cuba." **pretérito pluscuamperfecto** (habían instalado) →	Mi abuelo **comentó** también que antes de la Revolución muchas empresas estadounidenses **se habían instalado** en Cuba. **pretérito pluscuamperfecto** (habían instalado)
10.	El abuelo de Carlos **dice**: "Me habría encantado si te **hubieras preparado** mejor para la entrevista." **pluscuamperfecto de subjuntivo** (hubieras preparado) →	Mi abuelo **dijo** que le habría encantado si me **hubiera preparado** mejor para la entrevista. **pluscuamperfecto de subjuntivo** (hubiera preparado)
11.	El abuelo de Carlos **dice**: "Seguro que **el próximo año** la situación **será** mejor." **futuro simple** (será) →	Mi abuelo **dijo** que **al año siguiente** la situación **sería** mejor." **condicional simple** (sería)
12.	El abuelo **comenta**: "Cuando lleguéis, seguro que ya **habremos terminado** todas las preparaciones para la boda." **futuro compuesto** (habremos terminado) →	Mi abuelo **comentó** que cuando llegáramos, seguro que ya **habrían terminado** todas las preparaciones para la boda. **condicional compuesto** (habrían terminado)
13.	El abuelo **dice**: "Yo en tu lugar **aprendería** bien la historia porque es importante para el futuro." **condicional simple** (aprendería) →	Mi abuelo **dijo** que en mi lugar **aprendería** bien la historia porque es importante para el futuro." **condicional simple** (aprendería)
14.	El abuelo **añade**: "Si yo fuera tú, me **habría informado** mejor sobre las condiciones de nuestra vida en Cuba antes de venir." **condicional compuesto** (habría informado) →	Mi abuelo **añadió** que si él fuera yo, se **habría informado** mejor sobre las condiciones de su vida en Cuba antes de venir. **condicional compuesto** (habría informado)

In der indirekten Rede mit Zeitverschiebung verändert sich die Verbform, wenn diese in der direkten Rede im *presente, pretérito perfecto, pretérito indefinido, futuro simple* oder *futuro compuesto* steht:

> presente → pretérito imperfecto
> imperativo → imperfecto de subjuntivo
> presente de subjuntivo → imperfecto de subjuntivo
> pretérito perfecto → pretérito pluscuamperfecto
> perfecto de subjuntivo → pluscuamperfecto de subjuntivo
> pretérito indefinido → pretérito pluscuamperfecto
> futuro simple → condicional simple
> futuro compuesto → condicional compuesto

> Wenn die Verben in der direkten Rede im *pretérito imperfecto, imperfecto de subjuntivo, pretérito pluscuamperfecto, pluscuamperfecto de subjuntivo, condicional simple* oder *condicional compuesto* stehen, so ändert sich ihre Zeitform in der indirekten Rede **nicht!**

> **¡Ojo!** Auch bei der indirekten Rede mit Zeitverschiebung werden der Einleitungssatz und die indirekte Rede nicht durch ein Komma getrennt!
> "¡Daniel dijo ayer que íbamos a pasear juntos!"

Denke dran, dass genau wie in der indirekten Rede ohne Zeitverschiebung die **Verbformen und die Pronomen** je nach Perspektive an die Person/en angepasst werden müssen! Auch die Adverbien für Orts- und Zeitangaben müssen durch die Zeitverschiebung verändert werden! Die folgende Übersicht enthält die wichtigsten Beispiele dazu:

direkte Rede	indirekte Rede
hoy	aquel día / el mismo día
ahora	entonces
ayer	el día anterior
la semana pasada / el mes pasado / el año pasado	la semana anterior / el mes anterior / el año anterior
el próximo año / la próxima semana	al año siguiente / a la semana siguiente
mañana	al día siguiente
aquí	allí
este / estos, esta / estas	aquel / aquellos; aquella / aquellas
hace dos meses	dos meses antes / (hacía dos meses)
en dos meses	dos meses más tarde

Nicht zu vergessen sind auch die Verben **ir / venir** und **llevar / traer**, die je nach Richtung aus Sprechersicht in der indirekten Rede gegebenenfalls verändert werden müssen:

→ Nicolás habla con Sofia: "Dile a Daniel que voy a vuestra casa a las tres y que llevo el balón para jugar al fútbol."
Sofia: "Acabo de hablar con Nicolás."

Daniel: "¿Cuándo viene? Y, ¿trae el balón para jugar al fútbol?"
Sofia: "Daniel, ¡tranquilo! Sí, viene a las tres y trae tu querido balón."

9 La abreviación de frases con al + infinitivo y el gerundio
Nebensatzverkürzung mit al + infinitivo und dem gerundio

Um deine Texte stilistisch zu variieren, kannst du Nebensätze auch durch die Konstruktion *al + infinitivo* oder mit Hilfe des *gerundio* verkürzen. Bei beiden Konstruktionen ist wichtig, dass das **Subjekt des Haupt- und Nebensatzes dasselbe** ist!

9 1 La abreviación de frases con al + infinitivo
Nebensatzverkürzung mit al + infinitivo

Die Präposition *al* gefolgt vom Infinitiv kann einen Nebensatz mit *cuando* oder *mientras* ersetzen und kann somit mit als oder während übersetzt werden.

→ **Al ver** el póster, a Paloma le interesó mucho.
(Cuando **Paloma** vi el póster, [a **ella**] le interesó mucho. = **Als** Paloma das Poster sah, wurde sie sehr neugierig.)

→ **Al salir** del aeropuerto, no supe adónde ir.
(Cuando [**yo**] salí del aeropurto, [**yo**] no supe adónde ir. = **Als** ich aus dem Flughafen rausging, wusste ich nicht, wo ich hingehen soll.)

→ **Al mirar** el menú, se acordó de la comida de su madre.
(Mientras [**él**] miraba el menú, [**él**] se acordó de la comida de su madre. = **Als / während** er das Menü betrachtete, erinnerte er sich an das Essen seiner Mutter.)

Die Temporalsätze mit *mientras* und *cuando* können auch mit Hilfe des *gerundio* verkürzt werden.

9 2 La abreviación de frases con el gerundio Nebensatzverkürzung mit dem gerundio

Verkürzung eines Temporalsatzes (mit cuando / mientras):

→ **Viendo** el póster, a Paloma le interesó mucho.
(Cuando **Paloma** vi el póster, [a **ella**] le interesó mucho. = **Als** Paloma das Poster sah, wurde sie sehr neugierig.)

→ **Mirando** el menú, se acordó de la comida de su madre.
(Mientras [**él**] miraba el menú, [**él**] se acordó de la comida de su madre. = **Als / während** er das Menü betrachtete, erinnerte er sich an das Essen seiner Mutter.)

Mit dem *gerundio* können aber auch andere adverbiale Nebensätze verkürzt werden. Im Folgenden findest du die wichtigsten Anwendungsmöglichkeiten des *gerundio* zur Nebensatzverkürzung.

Verkürzung eines Kausalsatzes (mit como):

→ No **pudiendo** llamar por teléfono a sus padres, Paloma les escribió un e-mail.
(Como [ella] no podía llamar por teléfono a sus padres, **Paloma** les escribió un e-mail. =
Weil / Da sie ihre Eltern nicht anrufen konnte, schrieb sie ihnen eine E-Mail.)

Verkürzung eines Konditionalsatzes (mit si):

→ **Entrenándote** más, jugarías mejor en el partido de balonmano.
(Si te entrenaras más, jugarías mejor en el partido de balonmano. = **Wenn** du mehr
trainieren würdest, hättest du mehr Erfolg bei dem Handballspiel.)

> **¡Ojo!** Ob die Bedingung erfüllbar oder unerfüllbar scheint,
> geht aus der Form des Hauptsatzes hervor!

Verkürzung eines Konzessivsatzes (mit aunque / aun cuando):

→ *Aun* **teniendo** mucho éxito durante mi estancia en Chile, eché de menos a mis amigos en
Sevilla.
(Aunque [yo] tuve mucho éxito durante mi estancia en Chile, [yo] eché de menos a mis
amigos en Sevilla. = **Auch wenn / obwohl** ich bei meinem Aufenthalt in Chile viel Erfolg
hatte, habe ich meine Freunde in Sevilla vermisst.)

> **¡Ojo!** Wenn ein Konzessivsatz mit dem *gerundio* verkürzt
> wird, steht in der Regel *aun* vor dem *gerundio*!

Verkürzung eines Relativsatzes (mit que)

Das *gerundio* kann Relativsätze verkürzen, allerdings nur im Zusammenhang mit Verben der
Wahrnehmung oder der Vorstellung:

→ Cerró los ojos y escuchó al público gritando a toda fuerza.
(Cerró los ojos y escuchó al público público que gritaba a toda fuerza.)

→ Se imaginó a su madre *esperándola* detrás de la puerta de la entrega de equipajes.
(Se imaginó a su madre que la esperaba detrás de la puerta de la entrega de equipajes.)

Außerdem ist die Verkürzung eines Relativsatzes mit dem *gerundio* möglich, wenn das Objekt
durch die Präposition *con* begleitet wird.

→ Buscó a una persona leyendo un periódico.
(Buscó a una persona que estaba leyendo el periódico.)

→ Tomó la pelota con las manos temblando.
(Tomó la pelota con las manos que le temblaban.)

> **¡Ojo!** Das *gerundio* ist eine unveränderliche Form des Verbs!

Entender tareas

Para trabajar con documentos (fotos, vídeos, textos, ...)

¿Recuerdas / Te acuerdas de ...?	Erinnerst du dich an ... / Weißt du noch ... ?
Repite ...	Wiederhole ... / Sprich ... nach.
Lee las afirmaciones.	Lies die Behauptungen.
Elige ...	Wähle ... aus.
Busca en el texto todas las palabras y expresiones que se refieren a ...	Suche im Text alle Wörter und Ausdrücke, die sich auf ... beziehen.
Deja un comentario.	Hinterlasse einen Kommentar.
Da consejos.	Gib Ratschläge.
Haz una tabla. / Copia / Rellena la tabla.	Erstelle / Übertrage / Vervollständige die Tabelle.
Haz un mapa mental.	Erstelle eine Mindmap.
Responde las preguntas.	Beantworte die Fragen.
Resume por escrito / en alemán el contenido / la información más importante.	Fasse schriftlich / auf Deutsch den Inhalt / die wichtigsten Informationen zusammen.

Para hacer ejercicios y cumplir tareas

Descubre …	Entdecke … / Sieh dir … an.
¿Qué te llama la atención?	Was fällt dir daran auf?
Imagina …	Stelle dir vor …
Relaciona X con Y.	Verbinde X mit Y.
X se refiere a Y.	X bezieht sich auf Y.
Compara X con Y.	Vergleiche X mit Y.
Cambia … / Sustituye X por Y.	Tausche … / Ersetze X durch Y.
Encuentra … que corresponde / correspondiente a …	Finde … der/die/das … entspricht.
Ten en cuenta que …	Bedenke, dass …
Apunta / Toma apuntes / Anota …	Notiere …
Conjuga X en Y.	Setze das Verb X in die richtige Form in der Zeit / im Modus Y.
Busca las estructuras para expresar X / las formas de X.	Suche die Redemittel, um X auszudrücken / die Formen von X.
Escribe un texto / artículo / comentario.	Schreibe einen Text / Artikel / Kommentar.
Justifica tu respuesta / opinión.	Begründe deine Antwort / Meinung.
A favor, en contra / Los pros y los contras	Dafür und dagegen / die Pro- und Contra-Argumente
Copia / Completa la ficha / la tabla / la regla / las frases.	Übertrage / Vervollständige die Karte / die Tabelle / die Regel / die Sätze.
Usa los conectores / las herramientas / las abreviaturas.	Verwende die Konnektoren / Redemittel / Abkürzungen.
Contesta las (siguientes) preguntas.	Beantworte die (folgenden) Fragen.
Haz / Haced preguntas / una lista / una encuesta.	Stelle / Stellt Fragen / Erstellt eine Liste / eine Umfrage.
Manda un correo (electrónico) a …	Sende … einen Brief (Email).
Cuenta a algn.	Erzähle von … / jemandem etwas.
Encuentra una / Formula la regla.	Finde / Formuliere eine Regel.
… según el modelo.	wie im Beispiel.
Las siguientes palabras te pueden ayudar.	Die folgenden Wörter können dir helfen.

Para averiguar y presentar algo

Infórmate en la red / esta página web sobre …	Suche im Internet / auf dieser Seite Informationen über …
Investiga sobre …	Recherchiere zum Thema …
Consulta esta página.	Sieh dir als Hilfe diese Seite an.
Consigue material.	Sammle Informationen / Material
Busca aquí … ejemplos.	Suche hier … Beispiele.
Prepara fotos / una presentación corta de dos minutos.	Bereite Fotos / eine zweiminütige Kurzpräsentation vor.
… que representa …	… das für … steht
Imprime …	Drucke … aus.
Explica por qué / qué es …	Erkläre, warum … / was … ist.
Crea / Haz un álbum de fotos / una tabla / un póster / cartel.	Erstelle ein Fotoalbum / eine Tabelle / ein Poster.
Graba un vídeo / un podcast.	Nimm ein Video / einen Podcast auf.
Redacta un texto.	Verfasse einen Text.
Trae … para ilustrar …	Bringe zur Veranschaulichung … mit.
Empieza con …	Beginne mit …
Intenta …	Versuche …
Presenta un informe corto a los demás.	Trage den anderen einen kurzen Bericht vor.
Colgad X en la pared.	Hängt X an die Wand.

Para trabajar con un/a compañero/-a

Habla con tu compañero/a, pregunta y responde.	Sprich mit deinem Partner, stelle Fragen und antworte.
Trabajad en parejas / grupos de X.	Arbeitet zu zweit / in Gruppen mit X Teilnehmern.
Muestra a tu compañero/a …	Zeige deinem Partner …
Cambiad las parejas	Tauscht Partner
Hablad sobre …	Sprecht über …
Jugad en grupos de X con los dados / interpretad la escena: …	Spielt in Gruppen zu je X Mitgliedern mit Würfeln / ein Rollenspiel mit folgenden Rollen: …
Intercambia tu opinión con tus compañeros/as.	Tausche dich mit deinen Mitschülern/- schülerinnen über deine Meinung aus.
Después cambiad …	Tauscht danach …
Pide ayuda a …	Bitte … um Hilfe

Bildnachweis

AdobeStock/Cebreros – S. 20.

Getty Images Plus: -iStock Editorial, NataliaCatalina – (Cover-RS 1), -Top Foto-Gruppe, Top Photo Corporation – (Cover RS 2), -Potos.com – (Buchrücken).

Getty Images Plus/iStock: -leonardodesign21 – (Cover 1), -filipefrazao – (Cover 2), -xeni4ka – (Cover RS 3), -cmspic – S. 28.

Coca Pérez, Juan Pablo, Gines: -Cover 2, S. 7, 12, 15, 21, 35, 38.